N BODY

AGILE RABBIT EDITIONS DISTRIBUTED BY THE PEPIN PRESS

IMAGES OF THE HUMAN BODY

Other books with free CD-ROM by Agile Rabbit Editions:

ISBN 90 5768 004 1   Batik Patterns
ISBN 90 5768 006 8   Chinese Patterns
ISBN 90 5768 001 7   1000 Decorated Initials
ISBN 90 5768 005 x   Floral Patterns
ISBN 90 5768 003 3   Graphic Frames
ISBN 90 5768 008 4   Sports Pictures
ISBN 90 5768 002 5   Transport Pictures

Copyright for this edition © 1999 Pepin van Roojen

ISBN 90 5768 007 6

A catalogue record for this book is available from the publishers
and from the Dutch Royal Library, The Hague

This book is edited, designed and produced by Agile Rabbit Editions
Design: Dorine van den Beukel
Copy-editing introduction: Andrew May
Translations: Sebastian Viebahn (German); LocTeam (Spanish);
Anne Loescher (French); Luciano Borelli (Italian);
Mitaka (Chinese and Japanese)

Printed in Singapore

This book contains high-quality images for use as a graphic resource, or
inspiration. All the images are stored on the accompanying CD-ROM in
professional-quality, high-resolution format and can be used on either Windows
or Mac platforms. The images can be used free of charge, up to a maximum of
ten images per application. For the use of more than ten images, written
permission is required.

The documents can be imported directly from the CD-ROM into a wide range of
layout, image-manipulation, illustration, and word-processing programmes; no
installation is required. Many programmes allow you to manipulate the images.
Please consult your software manual for further instructions.

The names of the files on the CD-ROM correspond with the page numbers in this
book. Where applicable, the position on the pages is indicated: T = top,
B = bottom, C = centre, L = left, and R = right.

The CD-ROM comes free with this book, but is not for sale separately. The
publishers do not accept any responsibility should the CD not be compatible with
your system.

Agile Rabbit Editions
P.O. Box 10349
1001 EH Amsterdam
The Netherlands
Fax (+) 31 20 4201152
mail@pepinpress.com

Dieses Buch enthält qualitativ hochwertige Bilder, die für Graphikanwendungen genutzt oder als Anregung herangezogen werden können. Alle Bilder sind in Profi-Qualität und hoher Auflösung auf der beiliegenden CD-ROM gespeichert und lassen sich sowohl auf Windows- als auch auf Macintosh-Systemen bearbeiten. Für jede von Ihnen erstellte Publikation dürfen Sie bis zu zehn Bilder kostenfrei nutzen. Für die Verwertung von mehr als zehn Bildern brauchen Sie eine schriftliche Genehmigung.

Die Dokumente kann man ohne vorherige Installation direkt von der CD-ROM in viele verschiedene DTP-, Bildbearbeitungs-, Illustrations- und Textverarbeitungsprogramme laden. In zahlreichen Programmen ist es möglich, die Bilder weiterzubearbeiten. Genauere Hinweise dazu finden Sie im Handbuch zu Ihrer Software.

Die Namen der Bilddateien auf der CD-ROM entsprechen den Seitenzahlen dieses Buchs. Soweit bei den Bildern die Position auf der jeweiligen Seite angegeben ist, bedeutet T (top) oben, B (bottom) unten, C (centre) Mitte, L (left) links und R (right) rechts.

Die CD-ROM wird kostenlos mit dem Buch geliefert und ist nicht separat verkäuflich. Der Verlag haftet nicht für Inkompatibilität der CD-ROM mit Ihrem System.

Agile Rabbit Editions
PO Box 10349
1001 EH Amsterdam
Niederlande
Fax (+) 31 20 420 11 52
mail@pepinpress.com

Cet ouvrage renferme des images de haute qualité destinées à un usage graphique ou comme source d'inspiration. Toutes ces images de qualité professionnelle sont stockées en haute résolution sur le CD-ROM et sont utilisables sur des plateformes mac ou windows. Jusqu'à un maximum de dix images par application, l'emploi de ces images est gratuit, au-delà de dix une permission écrite est nécessaire.

Les documents peuvent être directement importés depuis le CD-ROM vers une large variété de programmes: mise en page, manipulation d'images, illustration et traîtement de textes, il n'y a pas d'installation nécessaire. De nombreux programmes permettent la manipulation d'images. Pour de plus amples informations, veuillez consulter la documentation accompagnant vos logiciels.

Les titres des dossiers sur le CD-ROM correspondent aux numéros des pages du livre. Là ou c'est applicable, la position des images sur les pages est indiquée de la façon suivante: T (top) = haut, B (bottom) = bas, C (centre) = centre, L (left) =gauche, et R (right) = droite.

Ce CD-ROM gratuit accompagne le livre et ne peut être vendu séparément. Les éditeurs ne sont pas responsables si le CD-ROM n'est pas compatible avec votre système.

Agile Rabbit Editions
PO Box 10349
1001 EH AMSTERDAM
Pays-Bas
Fax (+) 31 20 4201152
mail@pepinpress.com

Agile Rabbit Editions
P.O. Box 10349
1001 EH Amsterdam
Paesi Bassi
fax (+) 31 20 4201152
mail@pepinpress.com

Este libro contiene imágenes de gran calidad que pueden usarse como ilustraciones o como fuente de inspiración. Todas ellas, guardadas en un formato de alta resolución y calidad profesional, están almacenadas en el CD-ROM que se facilita y son compatibles tanto con la plataforma Windows como Mac. Las imágenes pueden utilizarse sin ningún coste adicional, hasta un máximo de diez por aplicación. En el caso de exceder esta cantidad, se precisará un permiso por escrito.

Los documentos pueden importarse del CD-ROM directamente a un amplio abanico de programas de maquetación, manipulación de imágenes, ilustraciones y tratamiento de texto sin necesidad de llevar a cabo instalaciones. Son muchos los programas que permiten manipular las imágenes. Para obtener instrucciones al respecto, consulte el manual de la aplicación.

Los nombres de los archivos contenidos en el CD-ROM se corresponden con el número de páginas del libro. En algunos casos se indica la posición dentro de la página del siguiente modo: T (top) = arriba, B (bottom) = abajo, C (centre) = centro, L (left) = izquierda y R (right) = derecha.

El CD-ROM se adjunta de forma gratuita con el libro y no puede venderse por separado. La editorial no se hace responsable en caso de incompatibilidad del CD con el sistema que utilice.

Agile Rabbit Editions
Apartado de correos 10349
1001 EH Amsterdam
Países Bajos
Fax (+) 31 20 4201152
mail@pepinpress.com

本書包含高品質影像，可用於製作圖形或啟發創意。
所有影像均以高分辨率格式儲存在隨附的雷射碟中，品質達到專業
水準，可用於視窗和 MAC 平臺。這些影像可以免費使用，但每項應
用最多不超過十幅影像。如果要超過十幅，需事先獲得書面許可。

文件可以直接從雷射碟輸入應用程式，可配合多種頁面佈局、影像
處理、插圖和文字處理程式，無需裝設。可以使用多種程式，處理
影像。操作步驟，請查閱有關軟體說明書。

雷射碟中檔案名與本書頁號相符，在頁面上的具體位置用下列字母
表示：T = 上端、B = 下端、C = 中央、L = 左、R = 右。

雷射碟隨書奉送，不可單獨出售。如果雷射碟與閣下電腦系統不相
容，出版商概不負責。

Agile Rabbit Editions
P.O. Box 10349
1001 EH Amsterdam
The Netherlands
Fax (+) 31 20 4201152
mail@pepinpress.com

本書掲載の画像はグラフィック用やアイデア用の高質画像です。
全ての画像は添付のCD-ROMにプロフェッショナルクオリティ、
高解像度にて収録されており、ウィンドウズ、マックのどちらでも
使用できます。画像は、アプリケーションにつき10個まで無料で
ご使用いただけます。これを超える数については、書面による承諾
が必要です。

ファイルはCD-ROMからページレイアウト、イメージ操作、
イラスト、ワープロソフトといったいろいろなソフトに直接呼び出
すことができます。インストールは不要です。この画像のイメージ
操作ができるソフトがたくさんあります。詳しくはご使用のソフト
の説明書をお読みください。

CD-ROM収録ファイルのファイル名は本書のページナンバーに
対応しています。ページ上の位置はT = 上、B = 下、C = 中央、
L = 左、R = 右で記してあります。

CD-ROMは本書の無料付録であり、別売は不可とします。
CDがご使用のシステムに対応しない場合について、出版社は
一切の責任を負いかねますので、ご了承ください。

Agile Rabbit Editions
P.O. Box 10349
1001 EH Amsterdam
The Netherlands
Fax (+) 31 20 4201152
mail@pepinpress.com

23

33

35